THE NORTH FACE

백일홍, 꿈을 꾸다

리토피아포에지 · 82
백일홍, 꿈을 꾸다

인쇄 2018. 12. 25 발행 2018. 12. 30
지은이 김현근 펴낸이 정기옥
펴낸곳 리토피아
출판등록 2006. 6. 15. 제2006-12호
주소 402-814 인천 남구 경인로 77
전화 032-883-5356 전송032-891-5356
홈페이지 www.litopia21.com 전자우편 litopia@hanmail.net

ISBN-978-89-6412-106-1 03810

값 9,000원

이 도서의 국립중앙도서관 출판예정도서목록(CIP)은 서지정보유통지원시스템 홈페이지(http://seoji.nl.go.kr)와 국가자료종합목록시스템(http://www.nl.go.kr/kolisnet)에서 이용하실 수 있습니다. (CIP제어번호 : CIP2018041231)

김현근 시집

백일홍, 꿈을 꾸다

리토피아
LITERATURE & UTOPIA

시인의 말

창조주가
내게 빌려준 몸
살면서,
함부로 내 것인 양
키와 무게를 늘리며,
멋대로 포장을 부풀려 온 죄
비로소 알겠다.

얼마 전에 본
거울 속 나는 내가 아니었고,
한 채의 폐가가 거기 있었다.
미안타.
이제 겨우 시집 한 권 거뒀을 뿐인데
60년 세월을 다 소모해 버렸다.

감사하게도
다시 빈손이다.

2018년 가을
김현근

차례

제1부 산속 종합병원

제2부 남해바래길

제3부 구제역 풍경접종

제4부 시로 지은 밥

| 제1부 |

산속 종합병원

습관에 관한 독설

밤과 낮
저! 흑백의 반복된 습관을
바꾸기 위해 전등을 켠다
익숙한 손길이
마음의 스위치에 닿는 순간
불은 오지 않고
고장 난 생각들만 떼로 몰려와
스파크를 일으킨다
달 별 구름, 혹은 비바람
흑백에 개입하는 것들의 들쑤심이다
서너 평 어둠으로 도배된 방
색깔을 바꾸려는 일에 갑론을박이 잦다
하필 지금
반짝,
반짝이지 못하는
고질병이 또 다른 고질병에게 시비를 건다
그게 인생이라고 독설을 쏟아본다

자전거는 도둑이다

외투라도 걸쳐야 집을 나서는 당신처럼 나를 걸쳐야 미래로 떠나는 자전거, 등은 있지만 심장이 없다. 심장이 있는 물체가 탔을 때 자전거는 기억을 갖는다. 한 때 나를 땅바닥에 엎으며 균형을 바로잡는 법을 알려준 것은 자전거다. 흙터가 그의 놀이터다. 상처를 주며 나를 내동댕이쳤던 둥근 바퀴, 유년의 내 자존심을 엎었다. 자전거는 함께 뒹굴었을 때 넘어지는 기술을 몸에서 빼내갔다. 피 흘리는 나보다 피가 뭔지도 모르는 그의 안부가 더 궁금해 심장이 뛰었던 그날 이후 넘어지는 방법을 도둑맞았다. 자전거는 나의 넘어지는 기술을 훔쳐간 내 유년시절 최고의 도둑이었다

함정

행복 방정식을 보며
그렇군, 내가 가진 것에 만족하면 난 행복하겠군!

누군가 파놓은 함정에 빠져
그만 만족해버리는 모습을 발견했다

그리고 곧,
세상엔 함정이 정말 많구나
부정적인 생각에 젖어드는 또 다른 함정

순간 스스로의 생각조차 믿을 수 없는 함정,
그곳에서 빠져 나왔다고 생각하는 순간

스스로의 현명함에 감탄한,
내가 파놓은 함정에 빠지고 말았다

밤배

한낮 밤배에게 불려갔다. 파도를 피해 해변에 정박한 밤배 노래비, 버튼을 눌러도 노래하지 않는다는 신고 때문이었다.

밤배 몰래 아픈 곳을 만져 보았다. 여름 내내 사람들로부터 사랑받던 배꼽 같은 버튼은 다 닳아 있었다.

노래비 성대를 진찰하는데 막혔던 목소리가 터져 나왔다.

검은빛 바다 위를 밤배 저~어 밤배~

아하 외로움이 깊었구나
나는 밤배를 향해 노를 저어갔다

보름달 스케치

긴 밤
하늘이 먹을 갈고 있네

커다란 밤하늘 화선지,
보름달 하나 그리려고
동쪽에서 서쪽까지 하늘 한 장 다 펼쳤네

밤의 먹물이 빠지기 전
별의 다리 힘이 다 풀리기 전
어서 그려야 한다네

붓을 따라
조심조심 달의 얼굴이 보이네

따뜻한 오후

가을걷이 끝낸 들판
오리 두 마리
시냇물 배꼽 위에 앉아 있다
오리 한 마리
물갈퀴로 물의 보조개를 간지럽히는지
오리 앉은 물자리에 둥근
웃음 번진다
다른 오리 한 마리
재미있다는 듯 날개 밑에 감춰둔 웃음을 꺼내놓고
부리를 물속에 처박으며 연신 꽥꽥거린다

빈 들판이 소란하다

꼬리

저 꼬리지느러미는
캄캄한 물속에 길을 내던 방향타였다

바다의 속살을 헤집으며
파도를 채찍처럼 후려치던
생의 꼬리지느러미

보이지 않는 힘이
저 장어꼬리에 숨어있다

달반늘 식당에서는
꿈틀거리는 바다를 입소문으로 판다
뱀꼬리 같은 달콤한 가격에
구워서 판다

물미도로에서

사랑은 푸른 벼랑끝의 곡예운전이다.

유월 해변의 드라이브는 모르는 여인의 허리띠를 푸는 일, 남해는 가파른 리아스식 체위를 수시로 바꾸고, 물미도로는 비너스의 허리 어디쯤일까? 아홉 등 아홉 고개는 수만 가지의 봉긋한 비밀을 숨기고 있다. 잘록한 허리가 숨통을 죄어올 때마다 천 길 낭떠러지가 입을 벌리는 드라이브 코스, 여기서는 차도 사람도 숨을 고르고 가야 한다.

이 길 어느 숨겨진 모서리쯤에서 나는 나를 몰고 온 고삐를 슬쩍 풀어 놓았다.

고삐로부터 놓여난 한 마리 짐승이 숲을 흔들며 스며들었다. 순간 바다가 쏟아질듯 몸을 기우뚱거리고

은밀히 길든 바람의
축축한 교성이 뼈 속까지 뜯어 먹는 것 같다.
카메라 존의 시야 속으로 나긋나긋한 여인의 풀향기가
삼투압처럼 저를 빠져나와 내 몸에 흘러든다.
그 향기 빠져나갈 반시간 동안

나를 내어 주고 또 돌려받는다.

그날 밤 꿈속에서
기우뚱거리는 바다가 내내 나를 운전하고 있었다.

산속 종합병원

남해 편백 숲
의사들은 신문광고 대신 물소리를 풀고
바람개비를 돌리고 나비를 날린다
저수지 물소리를 풀면 귓병환자들이 달려오고
미술관 바람개빌 돌리면 눈병 환자들이 달려온다
생태공원에 나비들을 풀면
호기심병 환자들이 병아리 입을 달고 몰려와 종일 숲이 소란하다
뼈마디가 약하고 근육이 무른 체질병은
등고선 높은 곳에 근무하는 의사들의 몫이지만
몇 번 불러올리는 것이 치료법의 전부
너도나도
바다에서 얻은 병, 들에서 얻은 병, 하늘에서 얻은 병
온갖 병 다 풀어놓아도 진료비와 약값은 무료
편백 병원, 피톤치드 링겔병만 수백만 개
아토피성 피부병도 편백 숲 병원에서는 맥을 못춘다
싱싱한 물소리로 목을 축인 새소리들과 숲길을 거닐어도
피부병은 사라진다

편백숲에는 휴가를 반납한 50년 경력 베테랑 의사만 수천 명
이 병원에 입원하려면 봄부터 예약을 서둘러야 한다

앵무새가 사는 바다

용소 지나
오페라하우스 모퉁이 돌아내리면
어머니 젖줄처럼 출렁이는
앵강만
청남색 날개 수평선에 올려놓고
흥얼거리는 배 한 척 가슴에다 붙여놓고
깃 세운 물결로 오르간을 두드리네
가끔 내 마음도 요동칠 때 있네
철썩 거릴 때 있네
쩡 쩡 금 간 속바다에
닻 내려보고 돛 올려보아도
음표 하나 바다 깊이 내리지 못할 때 있네
푸드덕, 갯바위 청솔가지로 젖은 물기 털어내지 못한 날
아이처럼 울고 싶어
아이처럼 웃는 앵강만을 찾을 때 있네
수면 위를 조잘대는 햇빛 달빛
해면을 걷는, 바람 바람 바람
무리 지어 일가를 창립하는 모래소리 몽돌소리

구른 횟수만큼 둥글어지는 소리
나도 둥글어지며 조잘대며 젖은 슬픔 말릴 때 있네
청솔가지 붙잡은 갯바위에서
앵무새 한 마리 푸른 깃털 말리고 있네

인생論

바다는 하루에 두 번 숨을 쉰다
한 번은 인간들을 위하여
한 번은 물고기들을 위하여

하루는 일평생 두 번 숨을 쉰다
한 번은 낮을 위하여
한 번은 밤을 위하여

산다는 것은 숨을 바꿀 때가 고비다

물의 꿈

빗물의 꿈은 야무집니다
강이 되고 바다가 되려는 야망을 숨기고
사부작사부작 졸졸 흐릅니다
동식물에게 잡아먹혀도
바다에 닿으려는 꿈이 있어 다시 하늘로 올라
구름이 되어 지상으로 내려옵니다
씹히고 먹혀도 끄떡없습니다
링거병 속에 갇혀 있어도
병실을 뛰쳐나오고 싶은 욕심이 있어
한 방울 두 방울 몸속으로 스밉니다
지하에서부터 공중까지
물의 꿈은 깊고 높고 아득하여
바닥을 기어서라도 바다에 닿습니다
세상 어떤 길보다도 물길은 길고 질깁니다
물의 꿈은, 세상의 모든 배를 다 업어주는 것
철선도 뗏목도 잠수함도 다 물에 업혀
한 생을 살다갑니다

꽃피는 섬

강은 바다의 먹잇감이라지. 강의 끄트머리엔 언제나 바다의 입이 있다지. 그래서 강을 먹고 시퍼렇게 살아서 저렇게 출렁거리는 것이라지. 바다에 붙어사는 섬은 사람과 배를 삼켰다가 뱉어낸다지. 달콤한 먹잇감은 계절마다 꽃으로 차린 진수성찬. 동백꽃, 매화, 개나리, 벚꽃, 유채, 해바라기, 해당화, 코스모스, 해국, 용담, 입맛도 다양하지. 남해섬은 옛 이름이 화전花田이라지. 제 이름을 먹어치우고 비빔밥, 회덮밥, 멸치쌈밥, 꽃바람 난 아줌마와 버스까지 차떼기로 먹어치운다지. 먹잇감이 되고 싶어 사람들은 꽃피는 섬으로 가지.

초혼가

주말 호주머니에서 잠자던 휴대폰
가족 몰래 세탁기에 빠져 죽었다
애꿎은 강아지를 발로 차다가
마을을 한 바퀴 휭 돌아와
다시 빈 세탁기를 돌려본다
천국 가거래이
할 말 안할 말,
차마 못들을 말
가리지 않은 입과 귀,
하나님 몰래 깨끗이 빨아놓았으니

돌멩이와의 대화

한 계절을 앓다가

어느 봄비 홀짝이는 날, 돌멩이 하나 손바닥에 올려놓고 물었다

어디에서 왔니? 나이는? 처음부터 둥글었니?

귀를 열고 듣는다

산에서 태어나 수천 년을 굴러서 바다에 닿았어 그곳에서 물새와 어부들의 무용담을 들으면서 바다라는 세상을 알았어 산호와 해초와 한 반에서 조경학을 배웠지 어느 날 집채만 한 해일을 만나 큰 상처를 입고 해변으로 밀려갔지 그때 파도의사를 만난 것이 행운이었어 그가 수없이 나를 만져서 지금처럼 둥글어졌지 내 나이는 나도 몰라

사람들은 나를 돌대가리라고 하지만, 나는 돌이 되긴 한참 멀었다

임플란트

내 나이 아직 멀었는데
입속에 누가 바람을 넣었는지
음식을 씹을 때마다 이가 시큰거렸다
낡은 집 한 채를 놓고
찬바람이 세를 놓으라고 한 보름 떼를 썼다
세놓을 생각이 없어
이를 악물고 일 년 넘게 치과를 들락날락
마침내 낡은 방을 부수고 새 방을 하나 들였다
바람을 몰아내고 기둥을 세우니
삼시 세 때가 편해졌다

공평한 맛

이십대 초반 운전면허를 받고 시운전을 나갔을 때 사람보다 길이 무서웠다 마치 한 길만 아는 로봇이었다 사십대 중반 길도 차도 익숙해졌을 때 길보다 사람이 무서웠다 그때 나는 법보다 사람들에게 쫓겨 길도 없는 곳으로 도망을 갔다

대학을 갓 나온 신규직원
그때 그 로봇이다
철없이 칼퇴근을 한다

올봄 갓 올라온 쑥을 캐어 도다리쑥국을 끓인다 국물에서 향긋함과 비린내가 한꺼번에 쏟아져 나온다

참 공평한 맛이다

동지

동지는
낮을 많이 잡아먹어 배가 부르다
그러고도 모자라 팥죽까지 먹는다

꽃불의 입술이 일러주네

소죽 끓이다가 문득 깨달았네
마른 나뭇가지가 악사라는 것을

탁! 타다닥 탁!

빈집 같은 몸
가끔 영혼마저 죽은 나뭇가지 같아서
세상바람 살짝 건들기라도 하면 툭 툭
부러지며 주저앉더니
소여물을 앞에 두고 마른 나뭇가지 타는 소리가
오늘 가만 귓전을 두드리네

주검마저 기부하며 연주하는 한 소절
악사의 뜨거운 노래
탁! 타다닥 탁!
산 자를 위하여 제 그림자마저 불쏘시개로 내어놓는 저 막무가내,

재능기부도 용기 있어야 한다고
꽃불의 입술이 일러주네

머니 플랜트

뒷돈에 대하여 말이 많다
소연이는 국민들 뒷돈으로 우주선을 탔다
나는 아들에게 딸에게 평생 뒷돈을 대고 있다

세상에,
뒷돈 안 대본 사람 있나
한 번 나와 보라고 해!'
늘 앞돈이 문제인 내가 큰소리 쳐 본다

올해는 나도 기어코 짭짤한 돈맛을 보리라
아내 몰래
머니 플랜트 씨앗가게에 전화를 건다
검은 돈도 흰 돈도 아닌
초록동전을 위해 망설임 없이 뒷돈을 대리라

돈 나문지 독 나문지
전에는 알 수 없는

| 제2부 |

남해바래길

남해 지겟길

평산항 곶등 올라서니
누군가 한 짐 부려놓은 바다가 달려옵니다
보란 듯이 두루마리처럼 해안선을 펼쳐 보입니다
유구마을 앞, 섬 하나 가슴을 드러내자
동행했던 황톳길도 헉헉거리며 붉은 숨을 몰아쉽니다
뭍으로 오르고 싶어 섬은 얼마나 울었을까요
아버지의 무거운 지게처럼
생의 등짐 내려놓고 싶은 날 있었을 것입니다
나도 섬이었을 때
달빛으로 편지를 쓰고 비구름에 섞여 울었던 날 있습니다
어떤 인생도 빗방울 하나, 파도 한 소절이 문제입니다
저 작은 섬도 응어리로 쓴 일기책 한 권쯤 있을 것입니다
아버지가 보고 싶을 때 지겟길을 발바닥으로 읽습니다

아름다운 길

좁은 길입니다
하지만
누구나 갈 수 있는 길입니다

부자와 가난한 사람
노인, 어린아이
어깨를 맞대고 마음을 나누며 함께 가는 길,

아무 것도 묻지 않고
하나가 됩니다

마음이 보송보송한 사람들
하루치 일을 접고 누군가의 따뜻한 손발이 됩니다
마음이 지나간 자리마다
물소리 트이고 꽃이 핍니다
후미진 세상숲
한 계절 숨소리가 편안해집니다

〉

외로운 길이지만
당신은 지금
세상에서 가장 아름다운 길을 걷고 있습니다

모나리자 오솔길
—앵강 다숲길

모나리자 그림 어깨선 뒤
소박한 소로,
루브르박물관에 있을 법한 길이
홍현 해우라지 마을과 가천 다랑논 사이에 숨어 있습니다
설흘산 1부 능선에 빠끔 얼굴 내민 실올 같은 이 길
다랑논 유명세에 마음 뺏긴 사람들은 쉽게 보지 못합니다
파도자락에 마음을 빗질하고 털북숭이 길 끝을 발길로 잡아당기면
산의 비밀이 스르르 풀려나오고
천문동, 반하, 춘란이 발자국 소리에 놀라 귀를 쫑긋 세웁니다
숲길을 걸으려면 아기노루처럼 조심조심 걸음을 옮겨야 합니다
소나무가 내미는 팔목을 잡고
산의 힘줄이 늘어나지 않도록, 소사나무 벽옥 같은 흰 피부 상처 나지 않도록
박물관에 온 것처럼 사뿐사뿐 걸어야 합니다
바로 아래

절벽에는 바다가 입을 벌리고 보초를 서고 있습니다
셔터를 눌러대거나 전시물을 함부로 만지지만 않으면
순한 양처럼 엎드리는 앵강다숲은
내 마음속 '모나리자 오솔길*'입니다.

*모나리자 오솔길 : 루브르박물관에 소장된 모나리자 그림 배경에는 S자로 휜 오솔길이 있음.

남해바래길

가인마을 뒷산
고사리가 지천이다
별을 움켜 쥔 주먹손을 잠시 바라보다가
고사리밭을 빠져나와
녹색길을 따라간다

한나절 걷기 좋은 산책길
꼬막 멍게 속살 같은 달달한 이야기가 익어간다
한낮 햇발에
은빛 복근을 번뜩이는 적량 고두 가인
언포 바닷길, 복근의 힘줄로 튕겨낸 갈매기들
어디선가 들리는 공룡울음에
황급히 바다를 물고 날아오른다

바닷가 갯바위에 찍힌 공룡 발자국
아이들과 거대한 발자국을 신고
고생대 중생대를 걸어 들어간다

중생대 쥐라기공원에서 놓아먹이던
시조새를 찾아 날개를 퍼덕이는 길,

공룡 한 마리 뒤를 따라온다

고사리밭길

창선도는 고사리 왕국
한때는 소나무로 백성을 삼고
출렁이는 파도로 호통을 치며
공룡을 풀어 강토를 지켰다
고생대 중생대 해상왕국의 전진기지
가인 고두 언포 식포마을 사람들
지금은 고사리에게 땅 다 빼앗긴 후
고사리나라 백성이 되어
국사봉 후미진 산발치에서 공룡발자국과 함께 산다
세월을 약 삼았을까
원망 불평 모두 산비탈에 내려놓고
봄 한철에만 수천 번 고사리에게 절을 하며 사는 사람들
하루해를 따라 돌며
충성을 다짐하던 굽은 허리를 펴면
기도를 말아 쥔 아기 고사리들이 바구니마다 가득한 나라,
가가호호 절값이 수 천만 원이나 되는
꿈에 그리던 목돈천국의 나라,
차 차 차 밭처럼 펼쳐진 이 나라에는

고사리백성들이 떵떵거리며 산다
죽은 공룡 발자국도 환생을 꿈꾸는
해마다 봄이 오면 땅에서 돈이 솟는
왕국의 고사리밭길, 내 어머니의 바래길
걸어보니 한나절, 마음은 벌써 부자다

바래길 동백꽃

남해 바래길은
풋감처럼 언제 떨어질지 모르는 길
뱃고동소리라도 들려오면
간짓대처럼 흔들린다

그 길은
바다의 푸른 치마가 펄럭이는 길,
치맛자락에 감기지 않도록 헛발을 조심해야 한다

붉은 동백나무, 얽힌 길을 풀고 있다

엄동설한
경치에 취한 사람들에게 레드카드를 내밀고 있다

여름 코스모스의 유혹

파도의 권유였을까
창선면 우회도로 옆 동대만
생활체육공원 앞 버려진 땅,
가을에 핀다는 전설을 갈아엎고
한 계절을 앞당겨 꽃밭으로 태어났다

가뭄도 장마도
열정의 목은 조르지 못하는 걸까
초록치마 두르고
단체로 꽃바람 피우는 그녀들과 사통하러
나는 주말을 싸들고
동대만으로 산보를 간다

창선면 정치 구단

상죽리 느티나무는 혼자 노는 법을 모른다
발치 평상 위에 제 그림자 내려놓고
동네 사람들 모아 바둑 장기
화투판까지 벌린다
군수 군의원 면장 농협장은
장기알처럼 가끔 불려나와 화투패처럼 뒤집어진다
수백 살 된 늙은 느티나무
말은 안하지만
쌈지에 든 돈, 부부싸움 사연이나 옆 동네 초상까지
패를 훔쳐본 것처럼 꿰뚫고 있다
올 여름엔
평상 두 개를 더 내어놓으라고 군수에게 떼를 쓰고 있다

당저 이장님

당저방조제는 숭례문 같은 바다를 품고 있다
익살 좋은 파도가 푸른 입을 여는 아침
이곳에 근사한 옷을 입히겠다고
바다를 육지로 만들겠다고
한 무리의 사람들이 당저의 미래를 그린 상황판을 앞세우고 찾아왔다
장군복을 입으면 장군 폼이 나고
예비군복을 입으면 예비군 행동을 한다는데
당저바다가 육지라는 새 옷을 입으면
바다를 잊을 거라고
이곳을 지키는 갈대 물고기 게들은 말문을 닫고 있는데
터줏대감 당저 이장이 반대목소리를 낸다
"내 눈에 흙 들어가기 까지는 안 돼"
바다의 본질을 바꾸는 일은
숭례문을 태우는 것과 같아서
나는 보물에 목숨 건 이장이 은근히 좋다.

폐교

동창선초등학교에 갔네
세월이 파먹었는지
책걸상 하나 없고 교실엔 먼지만 쌓여있네
나는 눈을 감고 추억 속 아이들을 불러내 보네
고향의 봄이었던가, 삐걱대는 마룻바닥이 합창을 하네
누가 써 놓았을까, '폐교를 견학 왔다'라는 분필 글씨
허한 마음을 만져주네
어라, 내 생각만 폐교였네
벗어둔 신발처럼 낮게 엎드린 화단 앞 맑은 도랑
물방게 가재들
발목 높이 물 벽에 매달린 우렁이의 빨간 알집을 보니
자연생태학교 유아원이 곧 문을 열겠네
우렁찬 매미울음 동네방네 방송을 하네
사람이 닫은 학교 자연이 문 열고 있네

전어철

은빛 비늘이 번득이는
광천 앞바다를 펴놓고 선창에서 전어파티를 연다
파도의 소매 밑에서 건져 올린 한 대야의 전어들
죽음은 싱싱할수록 꼬신 맛이 난다고
핫바지 면서기 불러다 놓고
핫뉴스 속 정치 경제인들 모셔와 바로바로 회를 친다
술잔이 입심을 자랑하며 자전공전을 한다
한 생을 쥐락펴락했던 거친 무용담이 술잔 안에서 출렁인다

전어는 가을전어라 했다

비린내 나는 사람들
올가을엔 바다의 혀끝에서 진수성찬이 되고 있다.

산불

우물마을에 산불이 났다
이 씨 할머니 콩밭에서
고라니보다 빠른 몸놀림으로 산을 오르는
장딴지 힘줄이 붉은
그가 떠난 자리에 홀로 앉은 할머니는
자유를 생각한다
칠순의 나이에, 콩밭으로부터 탈출한 자들을 생각한다
할아버지는 저승으로, 아들과 딸은 도시로
심지어 허수아비까지도 자유를 택했다
오늘도 손바닥에 피 흘리며 가시덤불 헤집고
할머니 품을 벗어난 손자 같은 녀석 산마루를 넘어갔다
마을앰프 소리에 놀란 사람들도 뒤쫓아 넘어갔다
유일하게 산을 넘지 못한 콩밭은
타다 남은 콩대 부스러기로 할머니의 근심을
일으켜 세웠다 주저앉혔다를 반복하다가
늦은 밤 TV에 아나운서의 부고로 뜬다
조문객들의 검은 바지가 자막에서 천천히 걸어 나온다
사각의 방에서

활활 타고 있는 자들의 삽화도 흐른다
조곡과 함께
먼 배경에 할머니의 콩밭이 희미하다

장애인의 날, 마법에 걸리다

장애 체험용 휠체어에 올라본다
계단 옆에 나란히 고개 든 길
바퀴 서너 번 굴리는 일에
언덕의 구배와 좌우 벽이 간섭하듯 잡아당긴다
손발 없다고 얕잡아 볼 일 아니다
계단보다 완만하여 무심코 지나쳤던 길
가슴을 서늘하게 흔들어주는 마법도 지녔다
누군가가 폭포처럼 무너지는 내 몸의 중심을 붙잡아 준다
신비한 힘이 왔던 곳으로 물러간다
그래, 참 이상한 마법이다
휠체어에 오르자마자 달라붙던 그 힘
내가 약하다고 오인하여 슬쩍 간을 본 것일까

오늘은 이상한 힘이 득세하는 날이다
내외빈 소개와 축사가 연줄처럼 늘어진다
은근슬쩍 또 다른 마법이 간을 보고 있다

이순신 순국공원 준공에 즈음하여

뗏목처럼 흘러온 420년 세월,

흘러도 흘러도 떠내려가지 못한

장군의 애국정신,

끝내 마지막 숨을 거둘 수 없어

핏자국 선명한 이락사 빈 들에

산을 깎고 바다를 메워

역사의 무릎을 세워놓았네

문화는 밥이다

오늘은 문화의 날
'주유소'라는 시제가 걸렸다
어떤 학생이
기름은 차의 밥이다
라고 시를 풀었다
순간, 내 잇속에서 아작아작
문화의 찬들이 씹히는 소리가 들려왔다

그날 저녁 돌아가신 어머니가 생각났다
문득 문화는 '어머니'라는 축사도 생각났다
내 안에 문화가 없다면
세상에 기름이 없다면 나는
어머니 없는 식탁처럼
밥맛 없는
살맛 안 나는 세상에 갇히게 될까

밥 같은,

내 창자를 허기지게 하는 시를 찾아
오늘도 문화의 거리로 차를 모는데

이순신 순국공원에서

당신은 한 권의 책,
이름 석 자를 한 자 한 자 넘겨보면 안다
평생을 바다에 기대어 살아온
세계최초 철갑선 얘기
조선의 운명을 홀로 어깨에 짊어진
바보 같은 해군장교의 시와 일기와 어록
쉽고 흔한 헌책 같은 이름 이순신,
그러나 조상이 후손에게 남긴 숙제 같은 이름이다
대한민국 국민으로 태어난다면
반드시 예습 복습해야 할
그 이름 석 자를 따라 나는 지금 거북이걸음으로
온몸으로 읽고 있다

보물섬 남해마늘

다 자라 엉덩이가 통통한 마늘, 세 번 안아주고 한 번 머리댕기를 묶어 논바닥에 세웠다. 마늘논의 독기가 팔뚝을 타고 올라 힘이 넘쳤다. 해가 서쪽에서 눈을 흘길 때까지 그 짓을 했다. 온 들판에 소문이 자자하자 서울과 인천에서 서둘러 중매인이 왔다. 마늘은 정분도 없는 트럭에 올랐다. 고봉으로 달이 뜨면 밥상머리에 앉아 독기를 품을 그녀, 마늘밭에서 점점 멀어져갔다.

넥타이

주일 아침 교회를 가려고
넥타이를 매는데 체면이 목을 조른다

넥타이를 매고
체납자 세워놓고 밀린 세금 내라고 닦달한 적 있다
체납차량 번호판
돌려달라는 사람 앞에서 멱살 잡힌 적 있다

자칫 흔들릴 수 있는 꼿꼿한 중심,
기울어진 목을 단단히 동여매고
허술한 틈을 넥타이로 여미고
다시 집을 나섰는데,

기도하면서 아래를 내려다보니
붉은 화살표 하나
세상의 모든 정욕을 버리라고
내 빈틈을 지적하고 있다

새벽기도

밥이 땡긴다
세끼 밥이 부족해서 교회에까지 밥 먹으러 간다
아내에게는 비밀이다
목사님은 말씀의 요리사라서
혀끝에 특별한 반찬들을 늘 앉혀두고 계신다
새벽바람처럼 일어나 교회에 가면
달고 쓰고 오묘한 반찬들이
목사님이 떠주시는 한 순갈 성경말씀에 얹혀 쑥쑥 넘어간다
강대상은 죄를 공격하는 자리라서
그곳에서 떨어지는 밥상머리 말씀은 주먹밥처럼 단단하여
한 끼 밥이 세끼 밥보다 오래 간다
영양소도 풍부해 내 죄의 몸집은 열 배나 부풀어진다.

춘몽

목사님 설교 중에
깜빡! 졸았는데
문득,
창세기 이전이 궁금했다
잠의 궁창을 헤집고
말라기에서 레위기에 올라 출애굽 하려는데
누군가가 머리를 툭 쳤다
거대한 공룡이었다
무서운 덧니를 씰룩거리는 것이
곧 나를 잡아먹을 것만 같았다
자세히 보니
마누라였다

그녀의 원시를 너무 가까이서 본
내 죄가 깊다

| 제3부 |

구제역 풍경접중

수선화 피던 날

빗물이
봄의 문을 여기저기 열어 놓았다
뜰 안 수선화의 안방
겨우내 닫아걸었던 창문이 빠끔하다
춘정에 겨워
은밀히 접어 두었던 사랑 허공에 편다
무풍의 눈빛에
내 마음의 문고리가 흔들린다
맥주 거품처럼
저 꽃의 설렘도 곧 사그라지겠지만
오늘도 마음의 자물통 암호를 풀지 못한
나는, 질펀한 그리움의 한나절에 갇혀 있다

개나리 따라 웃기

잎보다 먼저 웃는 꽃
개나리
내 마음의 노른자를 툭툭 치는
봄날
나는 그대에게 묻는다
평생 한 자리에 구들장처럼 눌러있는 것이
뭐가 좋다고
하하하 웃으면서 피냐고

열매 맺지 못할 줄을 뻔히 알면서도
먼저 씨익 웃고 수작을 거는
그대를 따라 걷는 출근길
일단 입언덕이 비뚤어질 정도로 나도 웃어본다

하하하 웃을 일이 많지 않은 한세상
봄보다 먼저 웃어두는 것도 나쁘지 않겠다는 생각이 들어서다

춘란에 기대어

춘란에게 물을 주면서
춘란이 왔던 곳을 생각한다
그들처럼 산의 허리가 고향인
나는 어머니의 허리를 생각하면
밥맛을 잃는다
춘란이 고향을 잃어버린 것처럼
어머니는 어머니의 허리를 잃어버렸다
팔남매를 낳고 기른
직립의 허리는 곱사등처럼 휘어졌다

고향을 떠나온 지 수년

작은 바람 앞에서
춘란의 허리가 초승달처럼 휘어진다

가만히 눈을 감으면 감은 눈 속에서
내 어머니 허리를 꼿꼿이 펴신다

망운산 철쭉

5월 첫 주를 구겨
오렌지 몇 알과 배낭에 집어넣고
망운산 오르는 길
연분홍 바람이 초록지퍼를 내린다
능선도 가파르게 달아오르고
수줍은 듯 기울여 볼 붉힌 철쭉
모로 눕다가
키를 낮추다가
운무로 장막을 쳐보다가
마침내 하늘을 코~옥 찔러보고서야
꽃망울 터트리는
조신한 다홍색 입술, 입술들
바람난 처녀들 다 모여 있는 그곳
반나절 치마 속에서 놀다 온 봄날

수선화 필 때

밥풀 같은 꽃을 보았네
대문 앞에 꽃샘추위보다 일찍 봄꽃을 심은 엄니
산허리 어디쯤에서 데려온 아이들일까
"인생의 봄도 빨리 와야 좋은 법이여"
엄니의 봄은 일찍 가버렸네
올해도 숟가락만 한 꽃 한 상
집 앞에 재빨리 차려 놓았네
모진 겨울 견디느라 뼈만 남은
자두나무 옆에서
나는 돌아가신 엄마 몰래 밥알 같은 추억을 꼭꼭 씹어보네
꽃 없는 한 계절이 생중계 되네
한나절 봄볕을 떠먹는
누룽지 같은 꽃을 보았는데
눈동자 맑은, 꽃 몇 송이 피었을 뿐인데

봄비 오는 날, 민심을 읽다

집안 야생화 뜰이 제법 씩씩하다
간 밤 내가 잠든 사이
누가 다녀간 걸까
무슨 말을 하였기에 발톱 높이 들고 있는 걸까
이사 온지 며칠 안 된 애기 매발톱꽃
섬서하여 풀이 죽어있던 고것
엄마 곁을 떠나온 송아지처럼
소리 내어 울어 보지도 못한 것들이다
가만히 땅을 살펴보니
누군가가 대신 울어주었는지
눈물자국이 새 발자국처럼 박혀 있다
나는 왜 몰랐을까
누군가가 대신 울어주기만 하여도
저리 강해진다는 것을
봄비 오는 날
순간, 마음이 솥단지처럼 뜨거워진다.

먼나무 꽃 필 때

엄동을 외발로 버틴
남해도 먼나무 가로수들,
외로움을 떨어내려는 듯
봄볕에 몸뚱어리 살랑살랑 흔들고 있네
저 눈 먼 나무 꽃봉오리들
나뭇가지 겨드랑이에 숨어
늦바람이 나고 있네
취산꽃차례 연한 자줏빛에
마음은 벌써 붉어,
내 먼 사랑이 피드백 되네

백일홍, 꿈을 꾸다

펄펄 끓던 가마솥 여름날
배롱나무 열꽃도 붉게 피었다

핏기 없는 자식들을 위해 불볕더위로 탕을 끓이셨던 어머니, 건강의 묘약을 은근하게 달여 내었다 바람도 헉헉거리며 어머니의 굽은 등뼈를 올랐던 한낮, 늙은 배롱나무 이마에는 송알송알 묽은 꽃이 돋아나고 있었다 마음이라도 피서를 떠나보았으면, 그 자위 끝에 단풍나무 은행나무 느티나무도 초록 바다색 옷을 입었다 세상이 모두 파랬다 꿈속에서라도 바닷물로 출렁이는 침대에 어머니를 쉬게 하고 싶다는, 가끔은

뜨거운 탕약 열기에 숨이 차다 오랜 경험을 바라본다 피서를 떠나지 못하는, 웃거나 울지 못하는, 이 모든 병들고 가난한 이유들을 위하여 배롱나무 열꽃이 환하다

한여름을 오래 달여 두려는 듯이 백일을 꽃피우며 정원을 지키는 검버섯 촉수가 파리한 어머니 같은

단풍의 나비효과

토요일과 일요일
바닥까지 허기진 주말
화전한우 고기처럼 맛깔 좋은 날
가슴에 숨겨 논 불씨를 호호 불어가며
쌍홍문을 슬며시 열어놓은 금산을 화선지에 담아 보는데
주중 내내 굶주린 내 감성의 붓끝
육질이 가장 연한 산등심 안쪽으로 획이 쏠린다
바람이 소매만 들어 올려도
불쏘시개처럼 잘도 삐져나오는
저! 독 오른 불씨를 보라
만산홍엽이
내게는 잘 익은 소고기처럼 보이니
내 몸의 낮아진 명도를 끌어올리는
보양식이라니

바람의 아이들

벼꽃이 활짝 폈다
소낙비의 발자국이 남아있는 아침

바깥세상이 눈을 뜬다
논벼들이 가만가만 꽃눈을 뜬다 나비 한 마리 날지 않는 화계들판에 삿갓 눌러쓴 안개들 조심조심 논둑을 걷고 있다 새 떼들도 날씨 얘기로 수군거리고 하늘도 돗자리를 이리저리 펼쳤다가 거두곤 한다 문득 나도 일손을 놓아본다 장마철에 유난히 낯가림이 심한 햇볕, 허허로운 바람이 비를 말리는 논 귀퉁이에서

수양버들이 애간장을 쥐었다 놓는다 조르르 바람이 달려나간다 참새 떼도 깔깔거리며 바람을 몰아간다 논벼 치마폭에 한 줄로 쓸려간 바람, 벼꽃 어깨에 나비처럼 앉는다 사랑이 엉킨다 뒤척거린다 기도가 혼절한다 휘청, 꽃대가 부르르 떨린다 오르가즘이다 맛깔스럽게 이어지는

〉

저! 나른함, 낱낱 꿈마다 아빠가 된다

수많은 바람의 아이들이 고개 숙인다.

느티나무 일기

남해읍 서변리 오래된 느티나무
11월 초순이면 어김없이 하나둘 홍등을 내린다
뼈가 부러진 채
죽어서도 체온 내리지 못한
핏빛 선명한 손금
남해군 청사는 그들의 묘지가 된다
오래된 느티나무는 안다
한생을 위해 또한 생을 자르는 아픔을
남은 날이 짧다
공중회전으로 수직 죽음을 거부해 보지만
이내 빛을 잃는다
바쁘게 쓴 잎들의 일기장만
나목의 피부에 초서로 남아
삶이라 불리어진 왕성한 여름을
기억하리라

가을 소풍

가을이
겉옷을 바꿔 입었다

산은 오색 옷
들판은 황금 옷

세상 어디에 숨겨놓았다가
찬바람이 발을 구를 때마다
옷 한 벌씩 내어놓아 애간장을 태우는가

덕분에 나는
이 산 저 산 갈마보며 소풍을 간다

어미 감나무

홍시 하나 꿈속에서 명줄을 놓는다

목숨의 비상계단을 오르는 저! 붉은 몸, 말랑말랑한, 쫀득쫀득한 살점을 바람이 쪼고 있다 모태를 갓 떠나온 위태로운 발걸음 소리가 들리는 게다 아직도 탯줄 상처 그대로인 한 눈조차 뜨지 못한 것들의 불안한 앞날이 보이는 게다 딱딱한 씨앗의 날 꿈들이 송곳니와 어금니 사이에서 요리조리 몸을 꼬리라는 것을 아는 게다

창문 여는 소리에 홍시 하나 또 떨어진다
지난 날
책가방을 챙겨주셨던
뒷모습이 안 보일 때까지 자리를 지키시던
어머니의 일생인, 나무, 거목, 고목
그 나뭇가지에서

잘 익은 내 눈물 한 방울 툭 떨어진다

금산 단풍 · 1

발화점을 모르겠다

남해 금산
빛고을에서 넘쳐나는
저 저 저

아롱진 능선을 태우는
저 불바다

홍문을 달구고
흔들바위에서 상사바위
벼랑 끝
花中花 한 송이까지

그날 밤 그녀, 나,
누가 먼저
타올랐을까 그때
그 잉걸불 번지고 있다

금산 단풍 · 2

맨손 맨발로 온다
바다를 건널 때는 참숭어처럼 뛰면서 온다
산에 도착하면 도다리처럼 납작 엎드린다
전투병처럼 포복도 잘 한다
절벽도 잘 탄다
어떤 날에는 텔레비전이 있는 안방까지 기어들어가
아내를 유혹하기도 한다
산허리에 언뜻 붉은 빛만 보여도
정수리부터 먼저 확! 달아오른다
한 잎 두 잎 낙엽 구르고
산의 가슴골이 깊어질수록 신혼 방 침대 속처럼 뜨겁다
눈감으면 더 선명해지는
이런 야한 풍경 때문에 가을이면 나는 아프다
11월, 달력이 청색 홍색카드를 차례로 내미는
주말이 내 병의 고비다

무화과

남해국제탈공연예술촌에 가면
맑은 바람으로 키운 촌장님의 무화과나무가 있다
탈박물관이라서
탱글탱글한 젖꼭지를 손바닥 같은 큰 잎사귀로 가려 놓았다
싱싱한 하늘빛 당저고리
잎, 잎 아래에 숨겨놓은 호벅진
꼭지를 뚝,
꺾으면 유즙이 가지 끝에 맺힌다. 봄 여름 내내
다산의 바람끼를 품고 고양이등을 하고 있던
탈 특산품 무화과, 시월 프랑스 영상제에 맞춰
열어보면 벌건 속내를 들킨 연애시 한 수 같다
사과보다 더 붉은
추억 속 편지 한 구절을 생각나게 하는

시계초 핀 자리

카네이션 한 송이 헐값에 샀다
어버이 날 가도록
다 지나가도록 시들지도 못한

꽃을 달 사람이 영 가슴을 보여주지 않아
기운이 없는지 꽃은 금방 고개를 떨군다

고개 수그린 꽃 옆에서
나도 시들어
내 가슴에 재깍재깍 시계초 한 송이 피었다
진다
딱 한 번뿐인데

꽃 핀 자리 그리움의 씨알이 굵어진다

고란초

하늘 한 입 베어 물고 바위를 쫀다
바윗돌에서 짜내는 눈물 샘
바닥 아래를 파 내려간 내 통장의 잔고 같다
자식을 등에 업고
실핏줄이 길어 올리는
불규칙한 물소리로 나약한 허리로
흔들리며 포자를 날리고 있다 저! 비행의 궤도를
이끄는 힘은 지지리도 궁핍한 절뚝거리는 가난일까
목 떨어진 보리이삭을 줍던 까끌까끌한 과거
우물 깊숙이 두레박을 내려본다
파리한 고란초의 벼랑 끝 삶이 딸려 올라온다
어느 날
벌컥, 잘려나간 숲 그림자의 반쪽을 보았다
한때 그가 햇살 한쪽과도 바꾸지 않았던 곳
이제는 뙤약볕을 칭칭 감은
설천雪川 월곡月谷 해변가 어미 고란초
밀물로 와 썰물로 돌아가는 바닷물을 굽어보고 있다
멀리서 조각배도 자박거리고

구제역 풍경접종

마구간[*] 밖에서는
뉴스가 소들을 기웃거린다
구제역이 송아지처럼 천방지축 뛰고 있다는
소식을 싸들고 예방접종을 나가는 마음이 촉촉하다
앰프도 속울음을 삭이느라 목이 메는지 찍찍거린다
"에~에 축산농가 여러분! 오늘 예방접종이 있습니다. 한 축주도 빠짐없이…"
엄마소 오빠소는 눈만 멀뚱거리고
송아지는 주사기를 피해 천정에 발길질을 하면서 뛰어다닌다
사탕을 물릴까 요구르트를 먹일까
피붙이를 바라보는 엄마소의 눈망울이 그렁그렁 젖고 있다

축사 옆 동백꽃도 붉은 울음 한 팔소매 가득 훔치고 있다.

* 마구간-경상도 지방의 '외양간' 방언.

구부정한 힘

생선이 팔딱팔딱 뛰고 있네

생선의 구부러진 등이 휘청!
바닥을 치네. 난장을 치네

관절도 없는데 팔다리도 없는데
어디에서 저런 안간힘을 견인하는 것인가

최후의 힘은 구부러진 곳에 웅크리고 있는 것인가

할머니 한 분
시장 좌판에 앉아 구부정한 허리로 하루치 노동을 펴고
계시네

| 제4부 |

시로 지은 밥

방아깨비의 추억

뒷다리를 잡고 있으면
방아깨비는 방아를 찧었다
생물시간이었던가
찧을 곡식이 없다고 애원하듯 가난은 운명이라고 되뇌듯
온몸으로 허공에 방아를 찧었다

착한 방아깨비!

어버이날
손자들을 앞에 두고
종려 잎으로 메뚜기를 만드는데
세월의 뒷다리가 손에 잡힌다
풀밭 밖을 디뎌보지 못한 방아깨비 다리를 풀잎으로 만드는데
돌아가신 아버지 어머니, 먼저 와
콩닥콩닥 방아를 찧고 계신다

방아깨비가 그리움을 찧는다

가뭄

아버지, 개밥 주듯 논에 물을 댄다
지하수로 근근이 연명하던 논에서

어린 모들이 애기 손을 흔들며
아버지를 반긴다

아버지의 강아지들
오늘도 아버지를 보자마자
꼬리를 마구 흔들어댄다

들판이 크게 한 번 진저리를 친다.

굴절의 미학

긴 장마 끝 하늘에 무지개가 걸렸다
반구형의 달짝지근한 마시멜로
어머니가 주시던 빛깔 좋은 캔디다
활시위로 휘어진 무지개 속에
봉분 속 어머니의 굽은 안목이 반짝인다
미래의 내 안부를 가늠하던 일곱 색깔 눈빛
삶이란 적당히 굽히며 사는 것이라고
직선적인 성격을 적당히 휘어주시던 어머니
직진을 고집하는 빛도 굽어야만 무지개가 된다는 것을
진즉 알고 있었을까
잔디를 반구형으로 말아 덮은
어머니, 봉분이 무지개를 닮았다는 것을 알았을까
삶에 천둥번개 친 날
누군가가 내 인생에 돌 던진 날
세상 아래로 확 뛰어내리고 싶은 날

무지개를 닮은 어머니의 봉분이 불쑥불쑥 떠오른다.

보색사랑

보색이 아름답다며
내 마음에 칼질한 것은
누나였다
누나 결혼식이었다
청록과 빨강
부토니아와 부케
모두 동백일색이었던 결혼식
맨발의 햇살은 바깥에서 벌을 서고
누나와 매형은 한 그루의 따뜻한 자웅동체였다
40년 세월동안 나는 왜 몰랐을까
2월 초순 물미도로
신랑 같은 동백나무 청록 품안으로 기울어지는
저! 붉은 신부의 입술
다정한 말보다 더 가까운
꽃과 잎들
적당히 기울어진 인연일수록 서로의 사랑점도 가까워질까
겹겹이 산을 벗기고 달려가 보면
엄동의 화롯불처럼 내 가슴만 도리어 삿대질이다.

투표

—민선 선거를 맞으며

절도, 교회도, 해와 달도, 별도
아닌 것이 주기적으로 빛나는 시절이 왔다
내가 사각의 링 안에서
붉은 펀치 한 방으로
그의 이름 석 자를 누를 수 있는 것은
단지 이 순간뿐일지도 모른다

그늘論

나무의 혀는 땅속에 있다
뿌리 끝에 입을 달아
땅과 하늘의 기운을 빨아 먹는다
나무의 입이 몇 개인지
아는 사람은 아무도 없다

계절을 알아 싹을 내는 것은 혀의 본능
거름을 삼키고 그늘을 키운다
봄이 눈두덩까지 차올라
산의 바짓가랑이 흥건히 젖는다

저 둥근 그늘도 나무의 입모양을 닮았다
거름냄새보다 독한 건 나무의 입
혓바닥을 돌리고 넘기며 계절을 넘어가는 푸른 입담들

저 나무의 머릿속을 뒤져볼 이유가 없다
가지에 매달린 나뭇잎을 보면
땅속 세상이 의정백서처럼 환하다

〉

이 숲의 진짜 밥상 커닝페이퍼는
나무의 혀가 아니라 하늘을 가리는
그늘이라는 생각

동창회

배고플 때 삶은 계란 한 알
어미닭보다 커 보인다
냄비에서 반숙된 알을 집어내려는데
옛날 생각이 손목을 콱 붙잡는다
밴또라고 불렀던 도시락
입안에서 달강거렸던 보리밥
밀가루와 몸을 섞은 계란찜이 대표반찬이었던 시절,
그나마 소풍이나 가을운동회 때 선물 같은 밥 한 끼를 얻어먹은 날은
좋아라 힘을 내던 초등학교 친구들
그때 그 얼굴들이 냄비 가득 모여 있다
맛소금을 치지 않아도 간이 착착 맞는
계란 한 판 같은 친구들,
삶은 계란 한 알에 다 들어있다.

산불감시원 일동

혹독한 겨울은 어느 누구에게나 오는 법

고로쇠나무 밤나무 감나무
편백나무야
피, 열매, 향기로 헌혈 봉사한 산아

고맙다

걱정 마라

올 겨울은 우리들이 책임질게

행복

어젯밤 혼자였다

아내가 장마를 따라 중부지방으로 북상하자

나는 오래된 밥통 옆에 버려졌다

허리 아픈 나를 애인도 데려가지 않았다

며칠 전 산에서 내려온 초란 몇 알이 내 허기를 책임졌다

텔레비전은 암탉처럼 중얼거리고

묵은 시간만이 밤새 나를 안아주었다

외로움이 슬며시 곁에 와 누웠다

곤충채집

봉긋한 수국 가슴 위
나비 한 마리 졸고 있다

꿈결에 젖을 빠는
아이처럼

바람의 부채질에 가볍게 꺾이는 잠,
나비의 무릎

내 마음속 숙제의 그물코
나비 한 마리 딱! 물고 있다.

시로 지은 밥

나는 하루 한 편, 한 끼의 시를 먹네
눈으로 먹고 입으로 먹고 귀로 먹기도 한다네
하지만 소화가 되지 않는 것도 있다네

새들은 지느러미를 달고
물고기는 날개를 달고 날아가는
신비한 상상의 나라
돌멩이가 생각을 하고 사람은 신이 되기도 한다네
시를 먹으면 누구나 신이 된다네
시는 신의 음식이라네

내가 지은 조촐한 밥상
아직 신이 되지 못한 나는
한 달에 한 권의 식사를 한다네
그래서 늘 허기가 진다네

내 어머니 윤노리 나무

—천연기념물, 물건 숲에서

물미도로가 시작되는
초승달처럼 휘어진 독일촌 바닷가
몽돌마을에 사는 윤노리 나무는
젖은 바람을 어깨에 메고
늙은 외발로 숲을 짚고 있다
옹이진 말들을 검버섯처럼 껴안고 있다
눈을 감고
와락 상처 안으로 들어가 보면
콩대며 깨대며 보릿대가 비명을 지르고 있다
말소리 울음소리 땀냄새 피냄새가 얼크러져 있다
윤씨네의 반평생 속내
도리깨질하는 저! 윤노리 나무의 팔들이며
한때는 쇠코뚜레로 살았던
응어리가, 이제는 닳아서 반들반들해진
恨
문득 恨 밖의 세계를 본다
매질도 쇠코뚜레도 필요 없는

정년 밖의 길

—부면장이 퇴임을 했다

식장에 쏟아진 박수소리
축사도 꽃다발도
잔설처럼 내렸다가 녹아든다

인사가 술잔처럼 건너가고
공직 서른두 해의 세월 밖으로
육십갑자 그 분이 슬그머니
몸을 빼고 있다

낮달이 한 걸음 먼저
청사 정문을 나선다
심천리 50리길이 멋모르고 따라간다
구부정 그의 등이 물음표 같은데

누가 한 사람의 가는 길에
정오답을 말할 수 있으랴

팔매질

바람의 팔매질에
덩치 큰 배가 기우뚱 한다

나도 저 바람처럼
보이지 않는 곳에서 누군가에게
험담의 팔매질을 하지는 않았는지
그로 인해 그가 상처받지는 않았는지

바람처럼 달려왔던 일 년을 되돌아보면서
내가 나에게 자문의 팔매질을 해 본다

캐비닛, 상비약 같은

진종일 옷고름만 끌러놓고
눈 길 한 번 주지 않다가
퇴근길에
반쯤 열린 가슴만 매무시하니 아내 보듯 민망하다
저 모르게 등 너머에 쭉쭉 빵빵
컴퓨터라는 젊은 첩실 둔 거 마음에 걸린다
손만 내밀면 척척 가려운데 긁어주고 채워주었는데,
급하게 돌아서서 전원을 끈다
데리고 놀던 쥐새끼 왼쪽 머리를 누르자
책상 앞 모뎀이 죽고 신방도 쥐죽은 듯 고요하다
머릿속 온갖 궤변들만 구더기처럼 득실거리고
시대 탓이라고 둘러대어 본다

컴퓨터와 눈 맞춘 것도
애완 쥐를 기르는 것도
적당한 온열을 가진 첩첩의 방에 내가 자주 흘러드는 것도
다 시대 탓이라고
혓바닥을 구르는 내 머릿속 변명들

신방과 연결된 자판 글자 부스러기들의
숫자만큼 어지럽다
가끔 이런 변명이 귀찮아 결혼하지 않는 이들도 있다지만
그래도 하루 종일 군소리 한마디 없이 내 등만 바라보는
그녀가 있어
배수진을 친 장수처럼 늘 뒤가 든든하다

시골집 연가

참새 한 마리 앵두나무 그늘에서 졸고 있네

정오의 태양은 방패연처럼 높게 떠서 보초를 서고

참새의 눈은 연줄처럼 풀어지네

바람 몇 점 논바닥에서 물장구를 치고 있네

나는 참새 몰래 사진을 찍네

시간은 오전에서 오후로 몸을 뒤척이는데

깊은 잠에 빠진 새 몰래

나는 세월의 얼레를 돌려보네

되감겨오는 것은 시간뿐인데

〉

눈 감으면 꼬리연도 보이고 새총도 보이네

어린시절이 옷을 벗고 있네

중년의 여름일기

비키니 시즌이다 이른 새벽부터 바람이 종종걸음으로 민박집 담을 넘어왔다 부끄러운 듯 귓불을 만지는 호박 줄기, 채 여물지 않은 봉긋한 가슴만 끌어당겨본다 듬성듬성한 잎사귀 사이로 하늘이 출렁인다 부드러운 속살의 해변을 애무하는 파도, 바다도 옷을 벗어 던지고 있다 정열로 치닫는 한낮

더위를 못 견딘 키위열매들이 허리 아래로 쳐지고 있다 위로 오르려고만 했던 고만고만한 삶이 대롱대롱 매달려 있다 바람이 민박집에 숨어 있는 동안, 내 안에서 망설였던 것들이 들썩거린다 무겁고 부끄러운 것들이 하나하나 옷을 벗는다 홀가분하다

모랫바닥에 추억이라 쓴다

바람이 분다 중년이 물결을 쓸고 간다

표적

장포는 해녀들의 사냥터
전복 소라, 성게들
그날 잡힌 바다가 고무대야에 담겨있다
바람 부는 방파제에 눌러앉아
싱싱한 파도 한 접시를 주문한다
뒷주머니에 감춘
내 두둑한 지갑을 알아차린 걸까
전복은 금세 낯빛이 새파랗다
이 놈, 저 놈
암호 한마디에 재빨리 칼끝을 겨누고
그녀의 손놀림이 빨라질 때마다
빈 술병 너머 파도가 일고 조금씩 섬이 기울어진다
접시에 담긴 바다가 꿈틀거린다
지갑이 다 털렸다
나 역시, 그녀의 사냥감이었다

독일마을 맥주축제에 부쳐

우거진 억새풀과
늘 푸른 소나무 사이로 바다 한 장 펼쳐놓고
남해 독일마을을 그려보면
누룽지처럼 엎드려 있던 역사 속 얘기들
반짝, 파독전시관 광장으로 소환되어 나온다

통통하게 배부른 오크통은 전혀 모르는 얘기

탄광의 곡괭이질 소리 캄캄한 비명소리
간호사의 뜨거운 눈물자국
조국근대화 같은 비릿한 추억과
라이너 마리아 릴케와 고두현의 감미로운 시편과
독일맥주와 한국노래와 남미춤의 장단까지 불려나와
국적을 초월한 연인처럼 산의 허리를 감고 한 몸이 된다

밤이 낮보다 더 뜨거운 10월 축제 한마당

맥주와 쏘시지는 불티나게 팔려나가고

광부와 간호사의 눈물 한 방울만 파독전시관 동굴 속에
남아
축제의 밤을 견인하고 있다.

사모곡思慕曲

—사모님 비보로 왔다 한가위 전 날 밤

피안에 바람이 불고
가을비 내리고
은행잎 웅성거렸다
어둑한 광장을 서성이다가
느티나무 가지에 내려앉는 비보
남해군 청사, 솟대 가로등도
흔들리며 빗물에 젖고 있다 외눈박이 눈을 뜨고
액자 속에 갇힌 낮달처럼
자세 한 번 고쳐 앉지 않고 그렁그렁 젖고 있다
바람이 한 차례 더 수런수런 불고
발 빠른 말들이 사무실 계단을 오르내린다
때로는 전화기를 빠져나갔다가
물먹은 스펀지처럼 젖어 돌아와
낮은 바윗돌에 걸터앉는다 가로등 밑으로
사람들이 모여들고 빗물도 고일 곳을 찾아든다
화환도 차량도 나무 그림자도
잔뜩 웅크리며 어깨를 걸친다
어디서, 우련거리는 달 두둥실 떠올라

후박나무 눈시울에 달빛만 내려두고
저만치 등 돌리며 홀로 거기, 가고 있다
내일이 한가위라는데
아! 그대, 해금강 만월 따러 벌써 가셨나요
서둘러 집을 나섰나요 입석 고향 길
님 떠난 창을 본다 어디론가 바삐 가는 달,
달빛 움켜 쥔 나뭇잎이 바르르 떤다
살아 낸 날들이 반대편 언덕에서 바람처럼 다가선다
님의 모습이 달에 어린다
보릿고개 넘어오느라고 헐거워진 저 얼굴
달빛에 가물거린다 몸보신 한 번 제대로 못해 준
창백한 과거가 하늘에 둥근 구멍을 내고 있다
숭숭 바람이 놓인다 울어 부딪히며 소리 내며
잠들지 못해 달빛만 끌고 다니다 이 밤
딱히 갈 곳 없어
한 줄 메아리로 뒤척이는 것들 모두 어둠속에 숨고
육십갑자 언덕을 바라보는 부군수
북산에서 질긴 인연의 바람소리 지우고 있다

양미간에 흐르는 촉촉한 이슬방울 지우고 있다
액자 속의 우리 님은 여전히 젖어 있고
빈소 위
한가위는 보름달로 떠서, 떠서 가고 있다
성긴 구름 속을 가고 있다
저, 피안의 언덕에 젖은 달로 가고 있다

|해설|

남해 사랑과 실천적 생태주의 시학

―김현근의 작품세계

양왕용 | 시인·부산대 명예교수

1.

김현근 시인은 그의 공무원 생활의 대부분을 고향 남해에서 보냈다. 그리고 막바지에는 필자의 고향이자 김 시인의 처가 곳인 창선면장을 지냈고 환경녹지과장 보직을 끝으로 2018년 12월 31일 정년을 앞두고 있다. 2004년 수필로 문예지에 등단을 했으나 2011년에는 문인 지망 공무원의 선망의 대상이고 우수 입상자에게는 한국문인협회 회원이 되는 특전이 부여된 제11회 공무원문예대전(행정안전부 주최)에서 시부문 금상을 수상하여 한국문인협회 회원이 되기도 했다. 그 때의 수상작은 「구제역풍경접종」이다.

김 시인이 정년기념으로 그의 첫 시집 『백일홍, 꿈을 꾸다』

를 내게 되어 필자에게 해설을 부탁해 왔다. 그의 작품의 배경은 남해가 대부분이며, 특히 필자는 중학을 졸업하고 떠난 후 학창 시절에는 여름이나 겨울 방학에 성인이 되어서는 추석이나 설 명절에 방문하는 고향 창선면 면장을 했던 시절의 작품에서는 고향 창선의 곳곳이 시적 공간으로 등장하여 더욱 감동적으로 읽지 않을 수가 없었다. 이제 그의 시에서 남해 사랑이 어떠한 모습으로 형상화 되어 있으며 그 사랑을 받쳐주고 있는 시적 방법론과 세계관은 어떠한가에 대하여 구체적인 작품 해석을 통하여 밝혀보기로 한다.

2.

우선 제1부에서는 남해군 전체가 시적 공간으로 등장하는 작품을 2편 인용하여 보기로 한다.

남해 편백 숲

의사들은 신문광고 대신 물소리를 풀고
바람개비를 돌리고 나비를 날린다
저수지 물소리를 풀면 귓병환자들이 달려오고
미술관 바람개빌 돌리면 눈병 환자들이 달려온다
생태공원에 나비들을 풀면
호기심병 환자들이 병아리 입을 달고 몰려와 종일 숲이 소란하다
뼈마디가 약하고 근육이 무른 체질병은
등고선 높은 곳에 근무하는 의사들의 몫이지만

몇 번 불러올리는 것이 치료법의 전부
너도 나도
바다에서 얻은 병, 들에서 얻은 병, 하늘에서 얻은 병
온갖 병 다 풀어놓아도 진료비와 약값은 무료
편백 병원, 피톤치드 링겔병만 수백만 개
아토피성 피부병도 편백 숲 병원에서는 맥을 못춘다
싱싱한 물소리로 목을 축인 새소리들과 숲길을 거닐어도 피부병은 사라진다
편백 숲에는 휴가를 반납한 50년 경력 베테랑 의사가 수천명
이 병원에 입원하려면 봄부터 예약을 서둘러야한다.

—「산속 종합병원」 전문

이 작품은 1998년 개장한 ≪국립 남해 편백자연휴양림≫을 중심 제재로 한 작품이다. 이 편백림의 구역 면적은 227만m^2로 1일 수용 인원은 305명이다. 이성계가 백일기도 후 조선을 개국하여 왕이 되었다는 명산 금산錦山(해발 681m) 동쪽 자락에 있으며 각종 시설이 갖추어져 있고 주위에 남해도의 명승지가 가까이 있어 봄 개장과 동시 연중 예약이 완료될 정도로 인기가 있다. 편백나무 숲은 편백나무에서 나오는 피톤치드로 인하여 심폐기능 강화와 항균, 이뇨, 거담 등의 치유 효과가 많다. 그래서 김 시인은 편백나무 숲을 '산속 종합병원'으로 비유하고 있다.

김 시인은 공무원 생활을 '환경녹지과장'으로 마감하고

있다. 즉, 남해군의 환경정화정책과 자연보호운동과 아름다운 숲 가꾸기 등의 사업을 일선에서 진두지휘하고 있다. 그러한 업무에 맞추듯이 이 작품에는 편백나무 숲뿐만 아니라 근처의 다른 명소 ≪나비생태공원≫이나 ≪바람흔적 미술관≫까지 등장시켜 편백나무 숲의 치유 효과를 극대화시킨다. 이러한 극대화의 효과가 한층 실감나는 까닭은 등장하는 사물 모두에다 생명력을 부여한 물활론적 상상력을 전개하고 있기 때문이다. 이러한 생명력에다 끝내 인격을 부여하는 것 즉, 의인법에 이르고 있기 때문에 더욱 실감난다. 이러한 인식의 근거는 환경과 녹지에 관심이 많은 그의 공무원 생활의 만년과도 관련이 있다. 그는 말하자면 시 속에서만 생태주의자가 아니고 삶의 현장에서도 생태주의자인 것이다. 따라서 이 작품은 그의 남해 사랑을 총체적으로 보여줄 뿐만 아니라 그 사랑의 근저에는 생태주의적 세계관이 깔려 있다는 점을 보여준다. 이러한 생태주의는 이미 다른 시인들에 의하여 시도된 바 있다. 그러나 대부분의 시인들이 도시에서 전원생활을 동경하여 한 두 번 방문한 경험이나 책상에 앉아서 관념적으로 생각하는 경우의 생태시가 많다. 그러나 김 시인은 이 작품뿐만 아니라 다른 많은 작품들이 지방공무원으로 행정현장에서 그 업무를 추진하고 실천하면서 쓴 작품들이 많다.

강은 바다의 먹잇감이라지, 강의 끄트머리엔 언제나 바다의 입이 있다지, 그래서 강을 먹고 시퍼렇게 살아서 저렇게 출렁거리는 것이라지, 바다에 붙어사는 섬은 사람과 배를 삼켰다가 뱉어낸다지, 달콤한 먹잇감은 계절마다 꽃으로 차린 진수성찬, 동백꽃, 매화, 개나리, 벚꽃, 유채, 해바라기, 해당화, 코스모스, 해국, 용담, 입맛도 다양하지, 남해섬은 옛 이름이 화전花田이라지, 제 이름을 먹어치우고 비빔밥, 회덮밥, 멸치쌈밥, 꽃바람 난 아줌마와 버스까지 차떼기로 먹어치운다지, 먹잇감이 되고 싶어 사람들은 꽃피는 섬으로 가지.

—「꽃피는 섬」 전문

이 작품은 남해의 옛 이름인 '화전花田'을 한글로 풀어 쓴 즉 꽃 花, 밭 田을 풀어 쓴 이름으로 제목을 하고 있다. 화전이라는 명칭이 알려지고 지금까지 남아 있는 까닭은 조선조 중종 때 조광조 일파를 제거하기 위한 기묘사화(1519년)에 연류되어 남해에서 13년(1519-1531)간 유배생활을 한 자암自菴 김구金絿(1488-1534) 선생이 남해에서 창작한 경기체가景幾體歌 「화전별곡花田別曲」(문집 自菴集에 수록되어 전해옴)에 등장하였기 때문이다.

이 작품도 역시 앞의 작품 「산속 종합병원」과 같이 물활론 나아가서는 의인법을 기반으로 상상력을 전개하고 있다. 그리고 산문시 형태이면서 쉼표를 찍어 호흡을 조절하면서도 역동적이다. 앞부분에서 인식한 강과 바다의 관계도 그

렇고 섬과 사람 그리고 배와의 관계 설정도 역동적이다. 이어서 봄과 가을이 오면 남해에서 피는 갖가지 꽃을 열거하다가 결국 남해의 옛 이름 화전이 등장한다. 마지막 부분에서는 남해의 싱싱한 해산물을 동반하는 먹거리를 열거하고 있다. 그리고 관광객 아줌마들과 버스까지 등장시켜 자연스럽게 관광 홍보의 역할까지 하고 있다. 김 시인의 이 시는 남해의 관광업소나 공공기관의 벽에 시화로 제작하여 게시하는 것이 더욱 독자들에게 다가갈 수 있을 것이다.

제 2부에서는 필자의 고향이기도 한 창선면의 면장 시절에 창작한 작품을 2편 인용해 보기로 한다. 김현근 시인은 2015년 7월 31일부터 2017년 7월 6일까지 2년 동안 창선면 제 31대 면장을 역임하였는데 이 시집 가운데는 그 재임기간에 창작된 작품이 다수 있다.

가인마을 뒷산/고사리가 지천이다/별을 움켜 쥔 주먹손을 잠시 바라보다가/고사리밭을 빠져나와/녹색길을 따라 간다//한나절 걷기 좋은 산책길/꼬막 멍게 속살 같은 달달한 이야기가 익어간다/한낮 햇발에/은빛 복근을 번뜩이는 적량 고두 가인/언포 바닷길, 복근의 힘줄로 튕겨낸 갈매기들/어디선가 들리는 공룡울음에/황급히 바다를 물고 날아 오른다//바닷가 갯바위에 찍힌 공룡 발자국/아이들과 거대한 발자국을 신고/고생대 중생대를 걸어 들어간다//중생대 쥐라기공원에서 놓아 먹이던/시조

새를 찾아 날개를 퍼덕이는 길//공룡 한 마리 뒤를 따라온다

—「남해바래길」 전문

이 작품은 제목은 「남해바래길」이라 되어 있으나 실제로는 남해군을 이루고 있는 남해도 다음으로 큰 섬인 창선도가 배경이다. 창선도는 원래 독립된 행정단위였으나 1906년(조선조 말 고종 광무10년) 남해군과 합병되어 오늘날의 창선면이 된다. 창선면은 독립된 섬으로 현재 남해군 가운데 남해읍 다음으로 여러 면에서 그 규모를 자랑하고 있다. 남해에서는 바다에 조개나 해초 같은 수산물을 채취하기 위해 가는 것을 해바리 하려 간다고 한다. 이러한 행위는 남해 사람들 특히 여성들의 근면성으로 상징되어 왔다. 이러한 상징성에 근거하여 남해군은 해안 트래킹 코스를 2010년부터 개발하여 그 이름을 바래길이라 명명하였다.

남해군의 육지로부터의 접근하는 방법은 남해대교로 통하는 것과 창선삼천포 대교를 통하는 두 가지가 있는데 남해대교 쪽부터 오른쪽 해안선을 따라 남면 평산항에서 시작하여 일차적으로 8개의 바래길을 조성하였다. 그 가운데 창선면은 제 6코스 말빌굽길(지족리에서 적량리까지 14.6 Km 5시간 소요), 제7코스 고사리밭길(적량리에서 동대리까지14.3Km 4시간 30분 소요), 제8코스 동대만진지리길(동대리에서 창선 삼천

포 대교까지 10Km, 3시간 소요)를 가지고 있다. 창선삼천포대교로부터 시작하면 첫째 코스부터 셋째 코스를 가진 셈이다.

이 시에서 바래길은 제7코스 적량리에서 가인리 고두리, 언포리 등을 거치는 코스이다. 이 코스에서 특이한 것은 가인리 해안가에 대규모 공룡발자국 화석이 발견된 것이다. 다른 곳에서는 찾아보기 힘든 날개를 가진 익룡 발자국 34개와 육식성, 초식성 공룡의 발자국이 혼재되어 있어 학계에서는 육식성과 초식성 공룡들의 싸움터였던 것이 아닌가 하는 보고서를 작성했다. 2008년 12월 29일 천연기념물 제499호롤 지정되어 보존되고 있다. 그러나 해안선이 험하여 접근이 용이하지는 않다. 그리고 주변의 산에는 유명한 창선 고사리 밭들이 있다. 해안선이 아닌 산등성이를 따라 바래길이 조성되어 있고 양쪽으로는 산에 나무를 배어내고 만든 고사리밭들이 있다. 이러한 배경을 알고 이 시에 접근하면 훨씬 이해가 편할 것이다.

김 시인은 첫째 연에서 고사리밭을 따라 조성된 바래길을 지난다. 그러다가 바닷가 마을 안으로 내려가 싱싱한 멍게나 꼬막 등을 맛본다. 마지막으로 갈매기가 휘돌고 있는 공룡 화석지를 찾아간다.

사실 공룡은 사람이 이 지구상에 살기 전에 이미 멸종했다. 그러나 영화 〈쥐라기 파크〉에서는 사람과 공존하는 상상력을 전개하고 있다. 김 시인은 이러한 상상력보다 한

걸음 더 나아가 이 시의 둘째 연 말미에서 공룡 울음을 등장시켜 아이를 포함한 사람뿐만 아니라 갈매기까지 공룡과 공존시킨다. 그리고 갈매기가 먹이를 물고 날아오르는 것을 공룡의 울음소리에 놀라 '황급히 바다를 물고 날아오른다'라고 비유적으로 표현하고 있다. 다음 셋째 연부터 마지막 다섯째 연까지는 아이들과 공룡을 동일한 시대에 거닌다는 표현으로 보아 시간의식이 소멸된다.

이렇게 태고와 현재가 공존하는 표현은 시가 아니고서는 존재할 수 없다. 따라서 지금까지의 인용한 시편들 가운데 가장 시적인 표현으로 성공한 작품이 바로 이 작품이라고 볼 수 있다.

은빛 비늘이 번득이는
광천 앞바다를 펴놓고 선창에서 전어파티를 한다
파도의 소매 밑에서 건져 올린 한 대야의 전어들
죽음은 싱싱할수록 꼬신 맛이 난다고
핫바지 면서기 불러다 놓고
핫뉴스 속 정치 경제인들 모셔와 바로바로 회를 친다
술잔이 입심을 자랑하며 자전공전을 한다
한 생을 취락펴락했던 거친 무용담이 술잔 안에서 출렁인다

전어는 가을전어라 했다

비린내 나는 사람들

올 가을엔 바다의 혀끝에서 진수성찬이 되고 있다

—「전어철」 전문

창선도는 지도상으로 보면 왼 쪽과 오른 쪽에 각각 긴 부분이 있고 가운데가 잘룩한 모양의 섬이다. 그래서 창선 사람들은 왼 쪽을 웃산이라 하고 오른 쪽을 아랫산이라 한다. 그리고 가운데 부분에 면사무소와 초중고등학교, 농협 사무실과 시장 그리고 가장 큰 교회가 있는 등 창선면의 중심지이다. 앞의 「남해바래길」의 고사리길은 오른 쪽 위에 있다. 그래서 아랫산 쪽이다. 이 작품에 나오는 광천리는 윗산 왼 쪽의 중간쯤에 있는 마을 가운데로 제법 큰 개울이 흐르는 포구이다. 그래서 일명 '너른내'라고 한다. 이 마을에는 강진만에서 제철 고기와 게 등이 많이 잡힌다.

이 시는 광천 마을 선창가에서 김 시인은 주민들과 어울려 전어회를 먹는데서 시작된다. 첫째 연 넷째 행까지는 가을 전어의 싱싱함이 감각적 이미지로 표현되어 있다. 그러나 다섯째 행부터 풍자적 어조가 등장한다. 우선 자기 자신을 핫바지 면서기라고 표현하는 부분부터 그러한 조짐이 보인다. 첫째 연의 후반부는 회를 먹으면서 서로 술잔을 돌리고 정치인과 경제인들을 화제에 올려 열변을 토하는 주민들의 모습이 간결하게 제시되어 있다.

그러나 이러한 풍자적 어조는 곧 청산된다. 둘째 연은 단 한

줄로 '전어는 가을전어라 했다'라고 표현하여 격앙된 분위기를 반전시킨다. 그리고 마지막 셋째 연 두 줄에서 선창가의 풍물이 후각적이고 미각적인 이미지를 동원하여 실감나게 한다.

이상과 같이 창선면장으로 관내를 두루 돌아다니며 풍경도 살펴보고, 사람들도 만났다. 이러한 행적을 실천적 생태주의라고 보아도 큰 무리는 없을 것이다.

제 3부에서는 남해라는 지역성에서 벗어나는 보편적인 사물이 시적제재가 된 작품 가운데 2편을 인용하여 보기로 한다.

펄펄 끓던 가마솥 여름날
배롱나무 열꽃도 붉게 피었다

핏기 없는 자식들을 위해 불볕더위로 탕을 끓이셨던 어머니, 건강의 묘약을 은근하게 달여 내었다 바람도 헉헉거리며 어머니의 굽은 등뼈를 올랐던 한낮, 늙은 배롱나무 이마에는 송알송알 묽은 꽃이 돋아나고 있었다 마음이라도 피서를 떠나보았으면, 그 자위 끝에 단풍나무, 은행나무 느티나무도 초록 바다색 옷을 입었다 세상이 모두 파랬다 꿈속에서라도 바닷물로 출렁이는 침대에 어머니를 쉬게 하고 싶다는, 가끔은

뜨거운 탕약 열기에 숨이 차다 오랜 경험을 바라본다 피서를 떠나지 못하는, 웃거나 울지 못하는, 이 모든 병들고 가난한 이유를 위하여 배롱나무 열꽃이 환하다

〉
한여름을 오래 달여 두려는 듯이 백일을 꽃피우며 정원을 지키는 검버섯 촉수가 파리한 어머니 같은

—「백일홍, 꿈을 꾸다」 전문

이 작품은 우선 이 시집의 제목이 되는 영광을 누리고 있다. 그래서 이 작품은 그만큼 예사롭지 않은 시적 상상력이 돋보이는 작품이기도 하다. 이 시의 중심 이미지가 되고 있는 백일홍百日紅은 배롱나무라고도 하고 여름부터 가을까지 100일 동안 붉은 꽃을 피운다고 하여 붙여진 이름인데 부처꽃과의 낙엽 교목이다. 예전에는 선비들의 정자나 절의 정원에 주로 심는 귀한 나무였으나 요즈음은 길가의 관상목으로 우리나라 곳곳에 심어져 있다. 그리고 오랜 세월 동안을 견뎌온 나무들도 전국에 흩어져 있으며 꽃이 귀한 여름에 사진 애호가들이 즐겨 찾는 나무이기도 하다.

김 시인은 배롱나무 꽃이 여름에 붉게 피는 데서 착안하여 마치 어린 아이들이 몸의 열을 이기지 못해 얼굴에 피는 열꽃으로 비유하고 있다. 그리고 김 시인의 어린 시절, 자녀들을 위하여 여름에도 쉬지 않고 일하시는 어머니로도 비유하고 있다. 또한 병들고 가난했던 어린 시절, 더위에 피서도 제대로 떠나지 못했던 그 시절도 생각나게 하는 꽃이 바로 백일홍 꽃이라는 점도 부각시키고 있다

아름답고 화사하다고는 볼 수 없는 백일홍 꽃으로 유년시

절의 아픔을 느끼기도 하지만 단풍나무, 은행나무, 그리고 느티나무의 녹음 속에서 어머니를 쉬게 하고 싶다는 소망도 담겨 있는 작품이기도 하다. 그래서 김 시인은 백일홍을 바라보며 유년 시절의 아픔과 소망을 되새기는 것을 '백일홍, 꿈을 꾸다'라고 한마디로 표현하였다.

마구간 밖에서는
뉴스가 소들을 기웃거린다
구제역이 송아지처럼 천방지축 뛰고 있다는
소식을 싸들고 예방접종을 나가는 마음이 촉촉하다
앰프도 속울음을 삭이느라 목이 메는지 찍찍거린다
"에~에 축산농가 여러분! 오늘 예방접종이 있습니다.
축주도 빠짐없이…"
엄마소 오빠소는 눈만 멀뚱거리고
송아지는 주사기를 피해 천정에 발길질을 하면서 뛰어다닌다
사탕을 물릴까 요구르트를 먹일까
피붙이를 바라보는 엄마소의 눈망울이 그렁그렁 젖고 있다

축사 옆 동백꽃도 붉은 울음 한 팔소매 가득 훔치고 있다.

—「구제역 풍경접종」 전문

이 시는 행정안전부가 주최하는 2011년 공무원문예대전 시 부문 금상 수상작이다. 공무원문예대전은 교원들도 포함하여 전국의 수많은 공무원 문인 지망생들이 응모한다. 김

시인의 이 작품이 2011년 시부문 최고상을 받았다. 따라서 이미 심사위원들로부터 평가를 받은 작품이다. 사실 구제역이 발생하면 소나 돼지에게는 절대 절명의 비극인 살처분이라는 처방이 시행된다. 억울하게 죽어가는 가축들도 가축이지만 축산농가의 고통도 말할 수 없을 정도이다. 이러한 비극적인 현실 직전의 풍경이 바로 이 작품이다.

상식적인 제목은 '구제역예방접종풍경'이 돼야 할 것인데 「구제역풍경접종」이라고 하여 제목부터 시니컬하기도 하고 긴장을 이완시키기도 하는 효과를 거두고 있다. 그리고 시 속에 전개되는 시적상황도 긴장보다는 오히려 유머가 있다. 특히 송아지가 마치 어린 아이처럼 주사를 맞지 않으려는 행동에서는 그러한 효과가 절정에 이른다. 사탕이나 요구르트로 송아지를 달랜다는 표현은 동화적 상상력을 불러일으킨다. 그리고 엄마소나 오빠소에다 인격을 부여한 것도 충분히 시적효과를 거두고 있다. 엄마소의 눈망울에다 슬픔을 이입시킨 것도 납득이 가는 표현이다. 한행짜리 마지막 연에서 동백꽃에다 슬픔을 이입시키는 것 역시 김 시인의 시적 역량이 돋보이는 부분이다. 구제역이라는 큰 파도가 몰려오기 직전 구제역 예방주사를 맞히고 있는 농촌 풍경을 동화적 상상력으로 보여주는 여유를 발견할 수 있는 작품이 바로 이 시이다.

3.

마지막 제 4부에서는 다소 관념적인 생태론을 형상화한 작품 한 편과 김 시인에게 시는 도대체 무엇인가를 알게 하는 일종의 시론으로서의 시 즉, 메타 시 한 편을 인용하여 살펴봄으로써 김 시인의 남해 사랑과 실천적 생태주의 시학에 대한 필자의 견해를 마무리하기로 한다.

> 나무의 혀는 땅 속에 있다/뿌리 끝에 입을 달아/땅과 하늘의 기운을 빨아 먹는다/나무의 입이 몇 개인지/아는 사람은 아무도 없다//계절을 알아 싹을 내는 것은 혀의 본능/거름을 삼키고 그늘을 키운다/봄이 눈두덩까지 차올라/산의 바짓가랑이 흥건히 젖는다//저 둥근 그늘도 나무의 입모양을 닮았다/거름냄새보다 독한 건 나무의 입/혓바닥을 돌리고 넘기며 계절을 넘어가는 푸른 입담들//저 나무의 머릿속을 뒤져볼 이유가 없다/가지에 매달린 나뭇잎을 보면/땅속 세상이 의정백서처럼 환하다//이 숲의 진짜 밥상 커닝페이퍼는/나무의 혀가 아니라 하늘을 가리는/그늘이라는 생각
>
> —「그늘論」 전문

이 작품은 지금까지의 다른 작품에 비하여 다분히 깊이 있는 추상적인 사유를 하고 있다. 따라서 눈에 보이는 구체적 사물의 형상보다 나무라는 것이 어떤 상태로 존재하고 있는가를 사유하는 과정을 시로 형상화한 것이다. 우리가

아는 나무의 식물학적 상식에 근거하면 나무는 뿌리를 내리고 그 뿌리를 통하여 물과 여러 가지 영양분을 흡수하고 잎이 자라고 그 잎을 통하여 태양빛을 받아드리는 광합성 작용을 하면서 점점 큰 나무가 된다. 그리고 나뭇잎은 태양빛을 받으며 그늘을 만든다. 그늘로 인하여 우리 인간은 무더운 여름이면 태양빛을 차단하여 더위를 피하기도 한다. 그래서 그늘에 대하여 감사한다.

김 시인은 이러한 상식적 '나무論'을 전개하지는 않는다. 나무에다 인격을 부여하여 광합성을 하는 과정을 마치 사람이 하는 것처럼 상상한다. 즉 뿌리를 나무의 혀라고 가정하여 땅과 하늘의 기운을 빨아 먹으면서 자란다고 본다. 그러면서 나무가 점점 자라는 것은 혀끝에 달려 있는 입의 능력이라고 한다. 그런데 이러한 나무의 본질은 뿌리나 잎이 아니고 잎에 의하여 만들어지는 그늘이라고 보고 오히려 이 시의 제목처럼 '그늘論'을 전개하고 있다. 이러한 역설적인 생각이 이 시를 지배하고 있다. 이 시 한 편으로 보면 김 시인이 인식하는 자연이나 아름다운 풍경이 우리에게 주는 감동의 정체는 모호해지고 자연이 존재하는 까닭은 그렇게 간단하지 않다. 다만 자연을 보호하고 가꾼다는 것이 자연을 위한 것이 아니고 인간 본위로 기울어지고 있는 것이 아닌가 하는 반성을 해볼 여지를 이 시는 주고 있는 것이 아닌가 하는 생각을 하게 한다. 즉 자연을 지나치게 가꾸기

보다 그대로 두는 것이 진정한 생태주의가 아닐까 하는 생각을 하게 한다. 이러한 점에서 이 시는 앞으로의 김 시인의 시작 태도의 전환을 암시하고 있는 것이라는 생각을 하게 된다. 공직에서 정년 후의 김 시인의 새로운 생태주의에 의한 생태시가 이 한 편으로 기대된다면 지나친 비약일까?

나는 하루 한 편 한 끼의 시를 먹네
눈으로 먹고 입으로 먹고 귀로 먹기도 한다네
하지만 소화가 되지 않는 것도 있다네

새들은 지느러미를 달고
물고기는 날개를 달고 날아가는
신비한 상상의 나라
돌멩이가 생각을 하고 사람은 신이 되기도 한다네
시를 먹으면 누구나 신이 된다네
시는 신의 음식이라네

내가 지은 조촐한 밥상
아직 신이 되지 못한 나는
한 달에 한 권의 식사를 한다네
그래서 늘 허기가 진다네

—「시로 지은 밥」 전문

이 시에서 김 시인에게 시의 창작은 마치 한 끼 밥을 먹는 것이라고 첫째 연에서 밝히고 있다. 말하자면 정년을 하면 더욱 시작에 매진하겠다는 것을 이렇게 표현한 것이라고 생각된다. 그런데 김 시인은 시에 대해서는 둘째 연 앞부분에서 시적 상상력의 자유를 언급하고 그러한 자유는 신만 누릴 수 있다고 본다. 그래서 둘째 연 마지막 행에서 시를 '신의 음식'이라고 보고 있다.

김 시인은 마지막 연에서 그의 시는 아직 신의 경지에 이르지 못하고 자신의 마음에 흡족한 시가 쓰여지지 못하고 있음을 아쉬워한다. 그런데 이 시집에는 김 시인이 충실한 크리스천임을 보여주는 작품도 여럿 있다. 이러한 입장에서 신앙과 시를 동일선상에 놓고 창작을 해가면 이 시에서 보이는 허기는 평생 채울 수 없다는 점을 깨닫게 될 것이다. 그러면 그의 시는 더욱 성숙하고 원숙해질 것이다. 이러한 과제를 이 시는 던져주고 있다.

앞으로 김 시인에게 직면한 두 과제는 실천적 생태주의를 새롭게 정립하는 일과 상상력의 자유를 어떻게 갈고 닦을 것인가 하는 점이다. 그런데 이 두 과제를 풀어갈 비밀은 궁극적으로는 그가 기지고 있는 신앙이라는 점을 가르쳐주면서 이 해설을 마무리하기로 한다.